AF227326

LA VÉRITÉ

QUESTION ARCHÉOLOGIQUE DE CÉTOBRIGA

EN PORTUGAL

RAPPORT DE M. EUGÈNE DE FONTAINIEU

Avocat à la Cour d'Appel de Bordeaux

BORDEAUX

IMPRIMERIE ALCIDE SAMIE

16, Rue du Parlement-Saint-Pierre, 16

1875

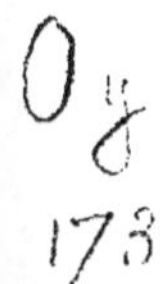

RECHERCHES ARCHÉOLOGIQUES

SUR

LA VILLE DE TROÏA

EN PORTUGAL

RAPPORT DE M. EUGÈNE DE FONTAINIEU

COMMISSAIRE DÉLÉGUÉ

AVERTISSEMENT

MESSIEURS LES ACTIONNAIRES,

En présence de la brochure pompeuse dont vous subissez peut-être encore le charme, il semble qu'il y ait témérité à venir dire à chacun de vous : Le moment est venu de chasser définitivement un vain rêve ; il faut renoncer, quoique à l'amour-propre il en coûte, à tout ce que votre esprit et le mien aimait à caresser en fait de richesses artistiques, archéologiques et autres.

Il semble qu'il y ait folie de venir dire à vous, auxquels à ce moment même on parle plus fort encore de merveilles :

1° La question Cétobriga n'est qu'un mythe ; il ne faut plus y penser ;

2° L'exploitation agricole appartient tout au plus au comique, sans avoir droit à sérieux examen.

Tout cela semble impossible, et doit rendre, à coup sûr exigents. des esprits autrement préparés.

Nous allons cependant l'entreprendre, car la mission que vous m'aviez donnée, je n'ai pas besoin d'y revenir, avait pour but d'obtenir la vérité, dût-elle être à moi-même, comme à beaucoup, décevante, et atteindre, dans quelque mesure, des amours-propres différemment préparés.

Ceci, Messieurs, je l'affirme, est un des côtés pénibles du devoir que j'avais contracté et de la confiance que vous m'avez accordée.

A ce préliminaire, j'ajouterai qu'en dépit de tribulations de voyage qui n'ont aucune place ici, ce silence dans mon Rapport sera pour lui aux yeux de tous la meilleure garantie contre toute imputation passionnée, tout lecteur pouvant en rester le juge.

Ce travail, je le divise en deux titres :

1º La Ville, les Constatations matérielles, les Observations, les Renseignements, la Conclusion ;

2º La Question agricole, les Constatations matérielles, les Observations, les Renseignements, la Conclusion générale.

Pour faire grâce au lecteur de ce qu'il sait déjà, c'est-à-dire que le domaine de Troïa est en face de Sétubal, qu'il y a 5 kilomètres à franchir en barque sur le Sado, etc., j'entre immédiatement en matière.

TITRE I

LA VILLE

CHAPITRE PREMIER

CONSTATATIONS

Il est bien positif que le touriste qui n'est pas prévenu et qui aborde le long du Sado, à l'entrée de la lagune de Troïa, est porté de suite à se demander d'où proviennent les pierres qu'il a sous les pieds, pourquoi tant de débris le long de la rive, et de temps à autre des pans de murs écroulés. (*Dessin* nº 1.)

S'il va plus loin en remontant le fleuve, il en trouve un peu moins ; puis il en retrouve encore (*Dessin* nº 2) ; c'est la maison qui fit l'objet d'une fouille vers 1850. S'il poursuit, ces débris qui consistent en pans de murs de peu d'élévation, deviennent plus rares, jusqu'au moment où, après avoir en tout suivi son chemin sur une longueur de 1 kilomètre et demi environ, il arrive à d'autres débris (*Dessin* nº 3), lesquels, sans rien présenter de remarquable, attirent cependant le regard, parce que personne n'a jamais pu dire à quoi ces alvéoles de maçonnerie, qui varient de 1^m à 2^m 50^c, pouvaient bien être destinés. Au-delà, il n'y a plus rien, et si la grève présente encore quelques débris espacés, nul ne pourrait affirmer qu'ils proviennent d'une construction, quelle qu'elle soit.

La promenade que je viens de décrire en vaut la peine, et le touriste peut revenir sur ses pas. Avant de revenir à son point de départ, c'est-à-dire à moitié du chemin parcouru, s'il monte sur la dune qui est généralement peu élevée, sur une profondeur de 100 mètres, même moins, de temps à autre il trouvera quelques pierres, quelques débris de murs assez rares, quelques briques, que, sous l'action du vent, le sable mobile couvre et découvre alternativement.

A peu près au milieu du parcours, en face du point où il est monté, se trouve la ruine d'une construction circulaire de peu de relief, solidement construite, quoique les murs n'aient pas plus de 60 centimètres d'épaisseur : c'est un reste de moulin à vent, comme l'atteste la prise d'arbrier vertical qui se trouve eucore au milieu. (*Dessin* nº 4.)

A quelque distance, 60 mètres environ, limite extrême de tous vestiges, se trouve une excavation faite encore il y a vingt-cinq ans, et qui a mis à nu une maison assez spacieuse, mais dans un tel état de délabrement, que le crayon n'y peut rien retenir. Ces nouvelles ruines peuvent bien présenter 30 mètres de long sur 20 mètres de côté.

Le touriste a tout vu ; je me trompe : reportons-nous à l'entrée de la lagune où je l'ai fait aborder. (*Dessin* nº 1.)

Ce morceau de construction demi-circulaire garni de trois niches grossières, comme la construction elle-même, est le fameux temple de Jupiter Ammon ! Au-dessus se trouve la ruine d'une chapelle qu'on prendrait pour une grange, si les murs de peu de hauteur (15 à 20 pieds) ne présentaient encore quelques débris de faïence incrustée où grimacent des figures qui doivent être des saints. Voilà Cétobriga.

CHAPITRE II

OBSERVATIONS

Ainsi donc :

1º Ce qui s'appelle dans le pays Troïa (le domaine entier s'appelle la Troïa), ne présente point 5 kilomètres d'étendue sur le Sado ; n'a pas 900 mètres de profondeur, comme dit la brochure, mais tout au plus 1 kilomètre 1/2 de long sur 100 mètres au plus de large ;

2º Nulle part il n'est trace de remparts, de murailles de ville ou fortifications. Il faut beaucoup de bonne volonté, quand on est sur la dune, pour accorder à l'ensemble des débris que l'on trouve 100 mètres de profondeur. Du côté du Sado moins qu'ailleurs, il existe trace de remparts, puisque les débris qui jonchent la grève, aussi loin que la marée basse peut en mettre à nu, prouvent que la mer est, en ce moment, parmi les constructions ;

3º Nulle part, ni dans les constructions que la pioche, à différentes époques, a découvertes, ni sur les débris de pans de murs dont le mortier le plus souvent n'est que de l'argile, il n'existe même la trace de ces voûtes romaines dont il est tant parlé. Les deux maisons qui ont été fouillées il y a vingt-cinq ans, avaient jadis, pour soutenir un plancher, les soliveaux que les trous réguliers des murs indiquent encore. Les prétendues voûtes romaines ici partout ne sont que de la fantaisie;

4° Personne ne peut dire que les fouilles exécutées déjà ont eu lieu le long des murailles de la ville, puisque de remparts il n'existe aucune trace ; puisque la maison même qui borde le Sado actuellement, comme tous les morceaux informes qu'on y rencontre (*Dessin* n° 2), ne le bordait pas à une certaine époque, témoins les débris de murs assez rares qui sont en avant et dans l'eau ;

5° La superficie du sable fouillé à d'autres époques présente, pour ces deux maisons, non pas 100 mètres carrés seulement, comme dit la brochure, mais bien 1,500 à 1,800 mètres carrés.

A l'importance relative de ces constructions, il faut tout de suite reconnaître qu'on s'était adressé déjà aux seules probabilités de succès possible. Nulle part, vu la hauteur moyenne des dunes de sable, on ne rencontrerait des murailles aussi hautes. (*Celles du Dessin n° 2 ont, environ, maximum 20 pieds*) ;

6° Les fresques dont il est parlé dans la brochure consistent dans une double ligne rouge et bleue de la largeur de 4 à 5 centimètres, à hauteur d'appui et longue d'un mètre, mais qui devait sans doute faire le tour de l'appartement. (*C'est dans la maison dont le Dessin porte le n° 2.*) A Sétubal, où l'on peint les murs, ces lignes se retrouvent;

7° Nulle part, en sondant le sable aux endroits choisis, en le sondant avec une tige de fer très-longue, très-lourde, très-puissante , il n'a été possible de trouver la trace de ces fameux rez-de-chaussées dont parle la brochure, et qu'abritent les voûtes romaines qui auraient ménagé des vides à l'intérieur des maisons. Un observateur d'une heure ne les chercherait même pas;

8° Une seule chose surprend au premier abord : c'est la disposition des dunes de sable au milieu desquelles apparaissent ces débris. Elles forment trois petites vallées de peu de profondeur, mais bien parallèles entre elles, et se dirigeant toutes un peu en oblique vers le Sado.

Cette illusion cesse quand on poursuit toujours à gauche en remontant le fleuve, car le même phénomène se présente aussi loin qu'on peut aller et en laissant bien loin les débris. Il n'y a pas trop de hardiesse à l'attribuer à l'écoulement des eaux de l'hiver combiné avec l'action des vents d'une même direction.

CHAPITRE III

RENSEIGNEMENTS

1° L'apparition de ces ruines n'a point pour date 1814, et point du tout un soulèvement subit des eaux pour point de départ. Les plus vieux Portugais de l'endroit affirment qu'ils les connaissent depuis l'enfance, et par tradition de temps immémorial. Du reste, la largeur des débris à marée basse indique assez qu'il y a plus de soixante et un ans que ces pierres jonchent la grève. La mer insensiblement ronge la côte depuis peut-être des siècles, phénomène que beaucoup de nos rivages connaissent bien, entre autres le vieux Soulac à la pointe du Médoc;

2° Les fouilles exécutées vers 1850 par une réunion de quelques amateurs d'antiquités, auxquels le roi du pays, père du roi actuel, voulut s'associer, n'étaient ni les premières ni les dernières qui ont été tentées; toutes et y compris la plus auguste, cessèrent faute de résultats satisfaisants.

On ne fera croire à personne « que le roi de Portugal ait voulu réaliser à la sourdine. »

On trouva, m'a-t-on dit, dans des tombeaux seulement, quelques médailles de cuivre de différents âges, quelques fûts de colonnes sans caractère, quelques débris d'amphores et rien de plus ;

3° Les Portugais de quelque peu d'érudition de l'endroit ne sont pas des imbéciles et des ignorants ; quelques-uns parlent jusqu'à quatre langues.

On excite chez eux un fou-rire quand on leur demande s'il est vrai que certaine fouille, celle de 1850, par exemple, ait jamais rendu 360,000 fr. Qu'on juge de leur mouvement quand on leur parle de la médaille vendue 70,000 fr.

Ils sont les premiers à vous dire : « Si cela valait quelque chose, ce n'est pas vous qui vous occuperiez de Troïa; mais quand vous serez partis, il y en aura d'autres pour nous égayer ! »

CONCLUSION

Qu'est-ce donc que cet amas de ruines ?

Tout simplement une petite bourgade de pêcheurs, bourgade fort ancienne sans doute, mais aussi sans importance, de peu de profondeur, comme les vestiges l'attestent, et s'étendant surtout le long du fleuve, à raison même du genre d'existence de ses habitants.

Ce bourg a-t-il été Romain ? C'est plus que probable, et je ne mets pas en doute qu'à différentes époques on y ait trouvé quelques monnaies de cuivre QUAND ON DÉCOUVRAIT UN TOMBEAU.

Y avait-il des fortifications ? En l'absence de tout vestige à cet égard, nul ne peut l'affirmer ; et il est permis d'affirmer le contraire à l'aspect misérable des constructions retrouvées.

Que sont-ce que ces murs ? Des murs dont les pierres informes, souvent des cailloux ronds de la grève, n'ont presque partout d'autre ciment que la terre glaise, bien facile à reconnaître et à distinguer d'autres murs, où de temps à autre on rencontre du mortier.

La bourgade dort-elle sous un monceau de sable qui, en un jour, dut la combler tout entière ?

Non, car ses murailles reposeraient alors sur un plan à peu près uniforme et facile à déterminer; et voici que sur le rivage, contre la dune où la mer, à marée haute, creuse constamment, et déchausse comme dans un fromage, on observe des fondations de murs à peu près à tous les niveaux, et reposant aussi sur le sable.

Ce qui prouve que de tout temps ces monticules ont plus ou moins présenté leur dos pour recevoir des constructions.

Y avait-il quelque construction tant soit peu riche ? Pas une seule ; pas un mur où, même au pourtour des ouvertures, on distingue une pierre de taille. Tout est en moellons.

Mais que devint donc cette ville ?

Repassez donc le Sado, et regardez, à côté de Sétubal, une petite ville parfaitement distincte de la première, dont les habitants forment en quelque sorte une race distincte. Sa population fraye peu avec celle de Sétubal. Dans la ville qui est peu profonde et qui est assez longue, pas d'autre industrie que la pêche et la construction de petites barques.

Cette petite bourgade s'appelle Troyes (prononcez Troilles).

Voulez-vous mon opinion ? C'est aussi celle des gens du pays.

A une époque que personne ne précise, les habitants de Troïa, lassés par le vent qui constamment remuait le sable et les obligeaient sans cesse à balayer leurs maisons, quittèrent un jour ces lieux, traversèrent le Sado, et avec tout leur mobilier, ne laissant dans leurs demeures que les cruches cassées et les objets sans valeur, vinrent s'installer à côté de Sétubal. — Ils y portèrent le nom de leur ville, et cet évènement fut même de si peu d'importance, que l'histoire dédaigna de l'enregistrer.

Ils avaient laissé DORMIR DANS LES TOMBEAUX les morts avec leur obole : ce sont les cendres que nous allons remuer, les médailles que de temps en temps nous trouvons.

Cette hypothèse, d'accord avec les appréciations locales, n'a rien qui surprenne, lorsque d'ailleurs elle se trouve corroborée par l'existence de la petite bourgade de (Troilles), et par des exemples de même nature qu'il n'est pas besoin d'emprunter à l'extrême Occident d'Europe, mais que nous trouvons dans notre propre pays. Citons-en deux :

J'ai parlé de Soulac-les-Bains à la pointe du Médoc, que tout le monde connaît. Sa population, au moyen-âge, reculant devant l'invasion des sables et des flots, vint former, à 3 kilomètres en arrière, ce que nous appelons aujourd'hui, par bizarrerie, le « Vieux-Soulac », pour l'opposer au nouveau Soulac-les-Bains, qui se reforme depuis quelques années sur les ruines du Soulac ancien.

Sur les côtes de Provence, même exemple, et ce dernier d'une analogie frappante avec Troïa. Entre Marseille et Toulon, dans la petite baie de la Ciotat et en face de cette derrière, existait autrefois une ville du nom de Torrentum, indiquée aujourd'hui sur les cartes sous le nom de Tarente-ruinée. Cette ville, jadis romaine, fut à une époque indéterminée abandonnée par ses habitants, à cause des sables qui glissaient le long de la colline à laquelle elle était adossée. Sa population vint fonder au nord de la baie la petite ville actuelle de la Ciotat (Civitas).

Sur les débris de Torrentum, comme à Troïa, gisent quantité de débris d'amphores. Il n'est pas rare de trouver de temps à autre quelques médailles LORSQU'ON S'ADRESSE A DES TOMBEAUX.

J'ajoute que personne ne songe à pratiquer des fouilles pour y chercher des richesses qui n'y sont plus.

LA FOUILLE

Le 15 du mois d'octobre, avec mon concours, entre quatre murailles ayant chacune 6 mètres de développement, et dont le sommet dépassait le sable, un trou était commencé à une soixantaine de mètres environ du dessin qui porte le n° 2. (*Voir aussi sur le Plan.*)

J'ai vu commencer cette fouille, je l'ai vue se continuer, je l'ai vue finir. Durant les travaux, un dissentiment ayant éclaté entre ces Messieurs et moi, pour des raisons qui dépasseraient les limites d'un Rapport, je dus me trouver deux jours à Lisbonne ayant de nombreux intérêts à sauvegarder. (Sur ces deux jours il y avait un dimanche.)

C'est juste pendant mon absence que, paraît-il, une dizaine de médailles auraient été trouvées avec un anneau d'or. J'ajoute que, même sur ma demande, ces objets ne m'ont pas été représentés.

Qu'était-ce que ce trou? Un caveau dont j'ai fait le dessin que, le 30 octobre, j'ai envoyé à M. Sévrin.

C'EST UN LIEU DE SÉPULTURE contenant une dizaine de tombes assez grossières et de plusieurs dimensions. Toutes sont formées d'un mélange de pierres concassées, de briques et de moellons. Elles sont bâties au fond sans symétrie, mais toutes placées à angle droit.

Elles contenaient des débris de squelettes que la pioche a mis à nu.

J'ai dû, dans ce dessin, singulièrement flatter la forme de toutes choses pour que le crayon y pût trouver quelque intérêt.

Quel aspect présente ce caveau?

Quatre murailles de la maçonnerie la plus grossière, dont trois portent incrustées à moitié hauteur trois petites niches sans caractère, peu profondes, de la hauteur de 60 centimètres environ. La quatrième est munie d'une porte de 1 mètre 20 centimètres de large sur 1 mètre 50 centimètres de hauteur.

Les médailles qui n'ont pas été prises dans les tombeaux du fond, peuvent, à coup sûr, provenir de ces niches, d'où proviennent aussi, sans doute, les débris de vases de terre cuite destinés à recevoir des cendres. La profondeur de ce caveau, jusqu'au sol des tombes, est de 12 pieds, environ 4 mètres. — Voilà pour Cétobriga.

TITRE II

—

QUESTION AGRICOLE

C'est la plus importante de celles qui vous sont proposées. Nous allons suivre la même méthode : constatations topographiques, observations locales, renseignements recueillis.

CHAPITRE PREMIER

CONSTATATIONS TOPOGRAPHIQUES

La propriété de M. Cabral part de l'embouchure du Sado, en face du fort d'Outan, et va, en remontant le fleuve, jusqu'à 1 demi kilomètre du village de Comporta.

La direction de la presqu'île suit donc une ligne presque droite du Nord-Ouest au Sud-Est. L'étendue est immense : 15 à 16 kilomètres de long, sur une moyenne de 1 kilomètre 1/2 de large environ. Le chiffre de 3,000 hectares n'a donc rien d'exagéré.

Cette propriété est bordée du Nord au Nord-Est par le Rio-Sado et la rivière de Comporta, du Sud au Sud-Est par l'Océan.

Pour faciliter l'étude des lieux, nous commencerons par le Nord, en descendant graduellement vers le Sud-Est.

A l'embouchure du fleuve, sur une étendue de 2 kilomètres, des dunes de sable sur lesquelles il n'existe aucune trace de végétation, s'abaissent insensiblement vers la mer.

Au milieu de ces dunes, une vallée profonde, si profonde qu'elle semble descendre jusqu'au-dessous du niveau du fleuve et de l'Océan. Un phénomène assez curieux est produit : au fond de cette vallée, qui présente 1 kilomètre de long sur 1/2 kilomètre de large, il suffit de creuser le sable avec la main pour obtenir aussitôt de l'eau douce.

Cette eau douce provient-elle des hauteurs voisines ? N'est-elle que l'eau de la mer filtrée par les sables ? Nul ne peut l'expliquer ; toujours est-il qu'elle ne favorise aucune végétation.

A droite, comme je l'indique sur la carte, un peu de végétation sur des dunes assez élevées et ravinées profondément. Quelques genêts entre lesquels pousse péniblement un peu d'herbe. On y a mis deux cents moutons ; ils sont en train d'y mourir ; la nourriture est mauvaise.

Ce point de la presqu'île offre aux regards une masure en ruines, et une petite maison actuellement habitée par les manœuvres qui travaillent au déchargement du lest (servitude de l'État).

Ces terres de végétation pauvre nous mènent jusqu'à la lagune à laquelle nous consacrerons un chapitre spécial ; mais entre la lagune et l'Océan, des dunes torrides que j'appelle ainsi, parce qu'elles ne sont qu'une suite d'ondulations d'un sable brûlant et desséché.

En face, de l'autre côté de la lagune et sur la langue qui sépare cette dernière du Rio-Sado, mais tout-à-fait au bord de la mer, les ruines de Troïa dont nous avons parlé.

Plus bas, toujours des dunes sablonneuses, émaillées parfois de petits buissons rabougris, quelques herbes odorantes où, de temps à autre, on voit partir un lapin.

En descendant toujours, les buissons deviennent un peu plus épais ; on est toujours sur le sable, mais sur un sable un peu moins blanc, où les lapins sont plus nombreux. Quelques pins espacés de plus de 100 mètres les uns des autres, autorisent M. Cabral à dire : « ma forêt. »

Vers le milieu de cette portion de la presqu'île, on est surpris de rencontrer un petit carré d'environ 1 hectare, où des bergers autrefois ont dû tenter un semblant de culture ; c'est depuis longtemps abandonné. Un gros figuier marque l'endroit où gît une flaque d'eau douce ; c'est un oasis dans le désert.

En descendant toujours, cette végétation déjà souffreteuse s'affaiblit ; les pins deviennent de plus en plus rares et disparaissent tout-à-fait.

La plaine immense qui se développe donne une idée du Sahara. Si on veut encore trouver quelque trace de verdure, c'est encore le long de l'Océan, mais toujours au milieu d'un sable infertile, torturé d'ondulations plus curieuses encore qu'à Troïa.

Nous sommes au milieu de la presqu'île ; le désert dont je viens de parler a pour limite : au Nord, le Sado ; au Sud, l'Océan ; mais à l'Est aussi les terrains d'alluvions de la rive gauche du Rio de Comporta. Nous en parlerons à part.

Entre ces terres d'alluvions et le désert proprement dit, se trouve un monticule de forme bizarre, de 700 à 800 mètres de long sur un demi kilomètre de large, de forme ovale. On dirait, à distance, un œuf gigantesque enseveli à moitié. C'est une dune isolée d'un sable plus blanc qu'ailleurs, et que, dans le pays, on appelle la Malha da Costa. Cette éminence empiète, en quelque sorte, et sur les terres d'alluvions et sur la partie du désert où l'on rencontre encore quelques buissons, végétation souffreteuse dont j'ai déjà parlé.

Plus loin, et sur un parcours de 5 à 6 kilomètres jusqu'à Comporta, toujours en bordant l'Océan et les terres d'alluvions, une côte brûlée ; vers la fin, quelques pins espacés et de peu de vigueur comme partout.

Nous sommes au bout du trajet, nous avons vu la presqu'île.

CHAPITRE II

LES TERRES D'ALLUVIONS

Revenons sur nos pas.

A gauche de la rivière de Comporta, et sur tout son parcours jusqu'à son embouchure, environ 6 à 7 kilomètres sur une largeur moyenne de 4 à 500 mètres, se trouve la seule étendue de terre où la culture est possible. Ces terrains sont formés par les atterrissements de la petite rivière.

Il y a donc environ de 250 à 300 hectares d'une terre fertile, les flaques d'eau douce et les petits lacs y sont en grande quantité.

La terre paraît bonne, mais il faudrait, avant de songer à toute culture, défricher, combler les lagunes, et surtout niveler le terrain.

CHAPITRE III

OBSERVATIONS LOCALES

D'un bout à l'autre de la presqu'île toute culture sérieuse, de quelque nature qu'elle soit, est impossible, partout un sol infertile ; il suffit d'y jeter les yeux pour s'en rendre compte. — La culture n'est possible que sur les terres d'alluvions dont il a été parlé, à condition de se livrer aux travaux de dessèchement et de nivellement, indiqués plus haut, d'y faire des dépenses dont nous parlerons au chapitre des renseignements.

CHAPITRE IV

RENSEIGNEMENTS

Ces terres d'alluvions, par leur belle apparence, ont une fois tenté quelques propriétaires des environs de Sétubal et d'ailleurs, lesquels songèrent à se constituer en société pour y établir des rizières.

La dépense à faire en nivellements et tout ce qu'il fallait pour l'état de culture fut alors chiffrée. C'était 400,000 fr. à dépenser avant de songer à un revenu, l'opération n'eut pas de suite. La distance énorme de tout pays habité en fut aussi la cause.

CHAPITRE V

LA LAGUNE, LES ORANGERS, LES PÊCHERIES

Au début de cette description, j'ai parlé de la lagune située vers l'embouchure du Sado. J'ai hâte, pour terminer, d'y revenir.

Ce petit lac, de près de 1 kilomètre de large, sur 2 kilomètres de long, est assez intéressant. La mer lui fournit les eaux à chaque marée par un canal de près de 300 mètres de large.

Je ne marrêterai pas à la culture des orangers proposée sur ses bords : il y a le sable dont j'ai déjà entretenu les lecteurs.

La culture de l'oranger exige d'ailleurs, en Portugal comme partout, une prodigieuse quantité d'eau douce, et l'on voit d'ici les travaux d'art nécessaires aux irrigations. Et sur quel terrain !

Arrivons donc à la seule idée juste en apparence de cette entreprise.

On pourrait prendre, à l'aide de ce lac, grâce à cette particularité qu'il est alternativement mis à sec par les marées, une grande quantité de poissons. C'est plus que probable, la mer dans ces parages étant très-poissonneuse, le Sado l'étant aussi.

Mais il y a ceci de fâcheux : à Sétubal, outre qu'il est de médiore qualité, le poisson est pour rien.

Ce qui s'expédie à Lisbonne et dans l'intérieur est peu de chose; l'exportation ne peut jamais épuiser la production du Sado.

Avec mal au cœur, j'ai vu souvent jeter à la mer des quantités de poissons frais que les pêcheurs n'espéraient même pas vendre. Toute idée d'exploitation fondée sur la pêche n'a donc rien de bien séduisant.

CHAPITRE VI

LES PARCS AUX HUITRES

Ceci est à l'état d'axiome dans le pays. Les huîtres du Sado ne sont pas même mangeables.

CHAPITRE VII

RENSEIGNEMENTS

Ceci va surprendre, mais à Paris seulement.

La propriété de Troïa vaut 30,000 fr.

C'est même flatter un peu, car un riche Portugais ajoutait même : « Et encore ce n'est pas votre serviteur qui en donnerait 5 contos de reis (27,000 fr.)

RÉFLEXION. — 3,000 hectares pour 30,000 fr. c'est impossible dira-t-on.

Voulez-vous un exemple qui n'est pas en Portugal, mais en pleine France, mais en Gironde, mais en plein pays du Médoc si connu de vous par ses vins?

Certaines communes comme celles de Talais, de Saint-Vivien, de Grayan, possèdent, non loin de l'Océan, des terres pour les pacàges qu'elles vendent parfois moins de 10 fr. l'hectare.

Il est facile de s'informer.

CONCLUSION GÉNÉRALE

L'opération est mauvaise et ne résiste pas au plus léger examen ; je résume :

1º De ville ensevelie par une catastrophe subite, il n'y en a pas ; il y a un village antique qui fut spontanément abandonné par ses habitants;

2º De résultats sérieux en fait de fouilles, on n'en a jamais obtenu;

3º En faisant des dépenses énormes dans un pur intérêt scientifique, un résultat est possible dans la proportion de 100,000 fr. de dépenses pour obtenir mille écus. Et encore !

4º Toute exploitation agricole, vinicole et autre, n'est que risible ; étant donnés les terrains visités et les renseignements recueillis;

5º D'où je conclus à ce que cette affaire soit au plus vite étouffée.

E. B. DE FONTAINIEU.

Décembre 1875.

Bordeaux. — Imprimerie. A. Samie, rue du Parlement-Saint-Pierre, 16.